AF311825

Vie abrégée

du

M. H. Frère Polycarpe.

Le T. H. F. POLYCARPE

Premier Supérieur Général

DES FRÈRES DU SACRÉ-CŒUR

1801 - 1859

Ametur Cor Jesu !

Vie abrégée

du

T. H. Frère Polycarpe

Premier Supérieur Général

de

l'Institut des Frères du Sacré-Cœur

1801-1859

VILLA TELLERI-ALDE

RENTERIA (Guipúzcoa) ESPAGNE

IMPRIMATUR :

Insulis, die 19ᵃ Martii 1927.

G. DELBROUCQ

v. g.

DÉCLARATION

Dans le cours de cet opuscule, nous avons quelquefois appliqué le nom de saint au Frère Polycarpe. Nous déclarons que, en parlant ainsi, nous n'avons pas eu l'intention de donner une qualification qui ne saurait émaner que de l'Église.

Nous faisons la même déclaration au sujet du caractère des faveurs que plusieurs personnes attribuent à son intercession.

La Rédaction.

AU LECTEUR

La Congrégation des Frères du Sacré-Cœur a été fondée à Lyon, en 1821, pour l'éducation chrétienne de l'enfance. Elle possède actuellement des écoles dans plusieurs nations de l'Europe et de l'Amérique du Nord.

La mort prématurée de son fondateur en 1826, et les événements politiques survenus en France en 1830, arrêtèrent ses progrès.

Mais le Sacré-Cœur, à qui cet Institut s'était voué, suscita, dans ce moment de crise, un religieux qui, élu Supérieur général, lui donna sa première organisation et imprima à l'œuvre un élan magnifique de prospérité.

Ce religieux providentiel fut le Frère Polycarpe, appelé dans le monde Hippolyte.Gondre, originaire du département des Hautes-Alpes, diocèse de Gap (France).

A sa mort, le Chapitre général, convoqué pour le choix de son successeur, lui décerna, par acclamation, le titre de :

« Second Fondateur de l'Institut ».

La courte biographie que nous publions a pour but de faire connaître la sainte vie de ce bon religieux que les Frères du Sacré-Cœur désireraient ardemment voir placer sur les autels par l'autorité de l'Église.

Puissent ces pages, cher Lecteur, vous inspirer confiance à l'égard de ce serviteur dévoué du Sacré-Cœur et de la Vierge immaculée, de cet ami de l'enfance, de ce père d'une phalange de religieux éducateurs qui enseignent le Royaume du ciel à des milliers d'âmes.

Sollicitez son intercession auprès de Dieu. Si vous obtenez la grâce demandée, adressez-en le récit au :

Révérend Frère Supérieur général des Frères du Sacré-Cœur, Villa Telleri-Alde, Renteria (Guipúzcoa) — Espagne.

Enfance et Jeunesse

JEAN-HIPPOLYTE GONDRE naquit le 21 du mois d'août 1801, sur la paroisse de La Motte, localité de la région montagneuse dont est formé l'arrondissement de Gap (Hautes-Alpes). Son père Jean-Joseph et sa mère Victoire Gonsalin étaient de modestes cultivateurs peu favorisés des dons de la fortune, mais riches de cette foi pure et forte qui constitue le plus précieux héritage légué par des ancêtres.

L'enfant reçut de bonne heure, dans ce milieu chrétien, les premières leçons de science religieuse : il apprit à prier sur les genoux d'une mère pieuse. Son âme candide ressentira toute sa vie les effets de cette première éducation.

L'âge venu, Hippolyte fréquenta l'école de la paroisse. Mais, dès que les forces le lui permirent, il fut employé aux travaux des champs et à la garde des troupeaux. Toutefois, pendant la saison d'hiver, il pouvait reprendre ses études et développer ainsi son instruction.

Tandis qu'il faisait paître ses brebis aux flancs abrupts des montagnes qui avoisinent La Motte, Hippolyte se livrait à la lecture et à la prière. La solitude favorise les saintes pensées, et le spectacle de la nature parle de Dieu à l'âme recueillie.

A la maison paternelle, en classe, l'enfant fit paraître ces qualités précieuses qui sont l'ornement de la jeunesse. La candeur, la simplicité, les grâces aimables rayonnèrent de son front auréolé de pureté et d'innocence.

Hippolyte se fit aimer de tous ses condisciples. « Il était bon, doux, affable, complaisant pour ses camarades qui le chérissaient », atteste M. le Curé de La Motte.

Ces heureuses dispositions le rendirent l'objet de l'affection la plus tendre de ses parents. L'enfant répondit à leur amour par les sentiments de la plus exquise piété filiale et par une déférence parfaite à leurs moindres désirs.

Lorsque vint l'âge de la première Communion, sa vie était sans reproche. Il est vraisemblable que, dans ce jour bienheureux, l'adolescent entendit la voix divine le pressant de se donner à Dieu.

Mais quel chemin devra-t-il suivre ? Montera-t-il à l'autel ou se consacrera-t-il au Seigneur dans la vie religieuse ?

*
* *

Durant sa treizième année, Hippolyte se sentit incliné vers le sacerdoce. Le Curé de la paroisse crut devoir le détourner de ce dessein à cause de la situation de fortune de la famille.

En attendant que la lumière brille dans son esprit, il va vivre dans le monde en excellent chrétien. Il s'éloigne des divertissements, auxquels il préfère les joies de la piété et les douceurs

UNE VUE DE LYON.

C'est à Lyon, le 30 septembre 1821, dans le sanctuaire de N.-D. de Fourvière, que fut fondé par le P. André Coindre, l'Institut des **Frères du Sacré-Cœur**.

de la famille. La prière, les cérémonies de l'église font ses délices. Il est le modèle de la paroisse. « On peut dire d'Hippolyte Gondre toute espèce de bien, sans craindre de sortir du vrai », écrit M. le Curé de La Motte.

C'est ainsi qu'il eut le bonheur de conserver sa

jeunesse sereine et pure. Son extérieur grave et modeste décelait une âme dont aucun souffle malsain n'a terni la blancheur.

Dans la suite, il rappellera les précautions dont il s'entourait pour se garantir contre le mal. « Que de périls, dans le monde, menacent la pureté ! disait-il plus tard. Je ne l'ignorais pas !... Aussi, pour me conserver chaste, je m'imposais les règles les plus sévères de la vigilance, surtout à l'âge où les passions frémissent dans le cœur du jeune homme. »

Hippolyte se sentait appelé à une vie de dévouement et de sacrifice, consacrée au salut des enfants par l'éducation chrétienne. Un travail personnel tenace lui permit de conquérir le brevet d'Instituteur. On lui confia l'école de la paroisse. Il devint promptement un maître distingué. Ses compatriotes conservèrent longtemps le souvenir des talents qu'il montra et des succès qu'il obtint dans sa noble carrière.

M. Gondre se livra de toute son âme à son apostolat. Toutefois ses aspirations n'étaient pas satisfaites, et son cœur ne trouvait pas le repos qu'il désirait. Il se sentait attiré vers une perfection plus haute. En considérant le monde, il fut effrayé de ses séductions. Il résolut de rechercher un milieu en harmonie avec l'idéal qu'il avait entrevu.

Comme le jeune homme de l'Évangile, il pouvait dire : « Dès mon enfance, j'ai observé les préceptes de la loi divine. Que me reste-t-il à faire ? » Une voix intérieure répondait : « Si vous voulez être parfait, vendez ce que vous avez, donnez-le aux pauvres et vous aurez un trésor dans le ciel ; puis venez et suivez-moi. ».

Le sacrifice sera pénible, mais la récompense sera belle. En échange des biens terrestres, il aura les trésors du ciel. Le Maître dit encore : « Quiconque abandonnera, à cause de mon nom, sa maison, ou ses frères, ou ses sœurs, ou son père, ou sa mère, recevra le centuple et possèdera la vie éternelle. »

C'en est fait. Hippolyte Gondre sera tout à Dieu. « Adieu, monde !... Je serai religieux ! »

Mais dans quelle Congrégation va s'engager ce digne jeune homme qui, jusqu'à l'âge de vingt-six ans, a vécu dans la pratique des plus aimables vertus chrétiennes ?

II

Vocation

L'ORIGINE de la vie religieuse se trouve dans la doctrine et dans les exemples de Jésus-Christ. L'Évangile, qui prescrit à tous les chrétiens la pratique des *préceptes*, propose les *conseils* comme moyens de perfection à ceux qui la désirent. Durant sa vie mortelle, le Sauveur a observé les uns et les autres.

La pratique des conseils forme le caractère fondamental de toute vie religieuse. Toutefois, du sein fécond de l'Église, sont nés divers Instituts, ayant chacun son caractère propre, son esprit spécial.

Dieu qui en a inspiré la création, leur amène des âmes par les voies secrètes de sa Providence.

En 1821, M. l'Abbé André Coïndre avait fondé, à Lyon, près des remparts de la Croix-Rousse, la Congrégation des Frères du Sacré-Cœur, pour l'éducation chrétienne de l'enfance. Plusieurs de ses premiers disciples étaient originaires du département des Hautes-Alpes. Tels étaient le F. Xavier et le F. Bernardin. Hippolyte Gondre connaissait celui-ci. Il lui écrivit de demander son admission au Supérieur qui se trouvait être alors M. l'Abbé Vincent Coïndre, frère du fondateur de l'Institut. Il sollicitait, en même temps, quelques détails sur le but de la Congrégation et sur la manière de vivre des Frères.

La réponse qu'il reçut, l'encourageait à réaliser son projet. Dans la vie religieuse, il trouverait le bonheur, il cultiverait des âmes pour le ciel et serait tout à Dieu. La Maison-Mère lui réserverait l'accueil le plus paternel.

Hippolyte Gondre dit adieu à sa famille, à son pays natal, à sa chère école et se rendit à

Lyon. Le 27 juin 1827, il fut admis au Noviciat de l'Institut.

Le jeune homme allait atteindre sa vingt-sixième année.

*
* *

Le postulant donna, dès les premiers jours, les plus belles espérances. Son extérieur simple et modeste, ses manières affables et polies, la bonté de son cœur, la droiture de son esprit le firent regarder comme un trésor. On admira vite en lui, avec une instruction fort convenable, la radieuse tranquillité de son visage où se peignaient le recueillement et la sérénité d'une âme vertueuse. Sa piété était fervente, et édifiant son attrait pour la mortification et la vie intérieure.

Hippolyte revêtit les livrées du Frère du Sacré-Cœur et prit le nom de F. *Polycarpe.*

Au début des sociétés religieuses, alors que les sujets font défaut, la formation est souvent un peu sommaire. C'est ainsi que, peu de temps après son arrivée, le nouveau venu fut employé à l'instruction des enfants du *Pieux-Secours*, nom que portait l'Institution où se trouvait aussi le Noviciat.

En 1828, c'est-à-dire l'année qui suivit son admission, le F. Polycarpe reçut la délicate et importante mission de former les novices. Il s'acquitta de sa tâche avec toute l'application dont il était capable, déployant toutes les industries que lui suggéraient ses talents, son savoir et son expérience. Du reste, dans ses oraisons ferventes, il demandait à Dieu de féconder son apostolat par la rosée céleste des dons surnaturels.

Le F. Polycarpe soupirait vers le moment heureux où il lui serait donné de faire pour toujours à Dieu l'offrande de lui-même par les vœux de religion. Or, à cette époque, dans l'Institut, quatre ans de vœux temporaires devaient précéder la profession perpétuelle.

La vie du F. Polycarpe était si régulière, son désir d'immolation si intense que le Supérieur général l'autorisa, le 21 septembre 1829, c'est-à-dire deux ans après son admission, à émettre les vœux perpétuels de pauvreté, de chasteté et d'obéissance.

Le souvenir de cette consécration définitive fera son bonheur durant sa vie entière, et surtout au moment de sa mort. Souvent il se rappellera le sacrifice qu'il a fait de lui-même au bon Dieu : ce sera pour lui, un motif de confiance et d'amour.

« C'en est fait, ô mon Dieu ! écrira-t-il dans ses cahiers de retraite. Je veux être tout à vous, à vous seul, pour le temps et pour l'éternité ! »

Les vœux religieux, que le monde considère comme une pesante chaîne d'esclavage, constituent le triomphe de la sainte liberté morale, car ils affranchissent l'âme de la tyrannie des richesses, du plaisir et de la volonté propre.

F. Polycarpe.

VUE DU PENSIONNAT DU SACRÉ-CŒUR

(Aujourd'hui Pensionnat Saint-Louis) à Lyon, où se trouve, sur la gauche, le local habité par les premiers
Frères du Sacré-Cœur.

*
* *

Le F. Polycarpe, une fois consacré à Dieu, s'efforça de réaliser chaque jour davantage l'idéal religieux : victoire sur soi-même par l'immolation des convoitises de la concupiscence ; imitation toujours plus attentive du Maître divin, modèle accompli de toute perfection. Les novices trouvaient en lui l'exemplaire du bon Frère du Sacré-Cœur.

Des événements politiques allaient arrêter un moment son apostolat.

La Révolution de 1830 provoqua une émeute à Lyon. Les insurgés se réunirent sur les hauteurs de la Croix-Rousse, autour du drapeau noir portant cette inscription : « Vivre en travaillant ou mourir en combattant. »

Une bataille se livra entre l'émeute et l'armée. Le bruit de la fusillade parvint au Pieux-Secours dont les balles frappèrent les murs. M. Coïndre effrayé décida de rendre les novices à leur famille. L'Institut perdit ainsi une trentaine de jeunes gens.

Le F. Polycarpe, privé d'emploi, faute d'élèves, dut quitter Lyon. Suivons-le dans son nouveau poste : nous verrons à l'œuvre le bon maître chrétien, ami de l'enfance.

ɛ III ɕ

L'Éducateur chrétien

DANS le département de la Haute-Loire, à proximité de la pittoresque ville du Puy, au sein d'un site gracieux, se trouve une coquette localité qui porte le nom de Vals. Les Frères du Sacré-Cœur y avaient fondé une école en 1828. La direction en fut confiée au F. Polycarpe, à son départ de Lyon.

. « L'enseignement, l'éducation de l'enfance, c'est le suprême labeur ; il faut y mettre toute son âme, toutes ses prières, toutes ses larmes... C'est l'ouvrage et l'inspiration d'une sagesse toute céleste. » (Dupanloup).

Convaincu de cette doctrine le F. Polycarpe travailla avec passion à l'œuvre qui lui était confiée, et supplia le Ciel de répandre la rosée qui rend féconde la divine semence jetée dans les âmes.

Le digne maître eut toujours pour les enfants de saintes affections, les pures délicatesses d'un amour tendre vivifié par l'esprit de foi. Il les considérait comme les frères et les amis des anges, des « dieux en fleurs » , héritiers du bonheur et de la gloire des cieux.

« J'accomplirai tous les devoirs de mon état, écrit-il, dans son cahier de retraite ; mais l'instruction religieuse et l'éducation chrétienne de mes enfants sera l'objet principal de ma sollicitude, le but de tous mes efforts. J'aurai pour eux une vive charité, un zèle ardent, une affection toute paternelle. »

C'est ainsi que le F. Polycarpe s'attachait, avant tout, à la formation morale et religieuse de ses élèves : il voulait les orienter vers le ciel. La douceur alliée à la fermeté, l'affection sincère, tendre, patiente, furent les moyens par lesquels il exerça un ascendant irrésistible sur les esprits et sur les cœurs.

Les enfants aiment ceux qui les aiment ; ils distinguent vite le maître qui se dévoue pour leur bien, du mercenaire indifférent et égoïste qui se recherche lui-même.

Le F. Polycarpe donnait un soin spécial aux leçons de religion. Sa parole était si touchante qu'il faisait parfois verser des larmes à son jeune auditoire. Que de fois, on l'entendit s'écrier avec l'accent d'une profonde émotion : « Non, mes enfants, non, jamais, il ne nous sera possible de comprendre tout ce que le péché a de hideux, ni la rigueur des châtiments qu'il mérite... Vous voyez cette maison, ce toit qui nous protège, mais qui nous écraserait s'il venait à tomber !... Eh bien ! il vaudrait mieux qu'il s'écroulât sur nous et qu'il nous ensevelît sous ses ruines, plutôt que nous eussions le malheur de commettre un seul péché mortel ! »

Les saints de tous les siècles n'ont pas tenu un langage différent.

Heureux les enfants qui sont confiés à de tels maîtres !...

UNE VUE DE LA VILLE DU PUY,

Près de laquelle se trouve Paradis, la Maison-Mère des
Frères du Sacré Cœur.

Heureux les éducateurs qui sont animés de semblables sentiments !... Jésus-Christ leur promet l'éclat des étoiles durant les perpétuelles éternités.

*
* *

Le F. Polycarpe savait que la discipline est la protectrice de la foi, de la piété, de la pureté ; la condition du travail intellectuel et de l'éducation. Aussi s'appliqua-t-il à la faire régner dans son école. Sa vigilance était extrême : avec un tact, une réserve et un calme parfaits, il voulait tout voir, tout observer pour prévenir le mal. Son regard attentif embrassait toute une cour de récréation comme une classe. Toutefois sa surveillance n'avait rien qui sentît les investigations soupçonneuses et policières.

Le Frère Polycarpe ne négligeait pas l'enseignement des connaissances humaines. Il y apportait même toutes les ressources de son talent de professeur. Ses leçons bien préparées étaient toujours claires et intéressantes, car il possédait un savoir précis et une bonne méthode. Il avait une idée juste de l'importance de ses fonctions qu'il accomplit toujours selon sa conscience.

Ce bon maître rendait son enseignement éducatif : la science est un moyen de formation intellectuelle et le religieux sait en dégager des idées surnaturelles qui élèvent à Dieu les âmes des enfants.

A Vals, l'action du F. Polycarpe fut immense sur les élèves et sur les familles. « C'était un saint ! » disaient longtemps après tous ceux qui l'avaient connu.

Son souvenir persista de nombreuses années parmi la population, qui avait admiré ses talents et sa vie édifiante. « Le F. Polycarpe ! quel cœur de père il avait ! s'écriait l'un de ses anciens élèves. En classe, en récréation, en promenade, il était tout à tous ! »

L'établissement de Vals fut abandonné en 1839. Lorsque, trente ans plus tard, il fut question de le reprendre, le conseil municipal pria le Supérieur d'envoyer des « maîtres semblables au F. Polycarpe ».

Telle fut l'impression puissante produite par cet éducateur « si humble, si simple, presque timide », mais dont les œuvres laissèrent des traces profondes dans le champ qu'il avait cultivé.

Maîtres chrétiens, soyez apôtres par la parole, par l'exemple, par la prière, par le sacrifice : la rédemption des âmes est à ce prix.

Soyez des saints si vous voulez former des saints.

IV

Le Directeur

LA direction est une œuvre de sagesse et de prudence. Et, lorsqu'il s'agit de l'éducation de la jeunesse, quelle vigilance, quelle délicatesse, quel doigté réclame ce travail !

L'enfant est un mystère par les phénomènes de sa nature dans une sorte d'équilibre instable :

exubérance de l'activité physique, éveil de l'intelligence, impulsion de la volonté, variété des impressions, il faut tout orienter, tout diriger.

Mais ce n'est pas tout. De cet enfant, il faut faire un chrétien. Quels soins pour conserver son innocence, pour le former à la pratique de la vertu, pour lui offrir un milieu favorable à l'éclosion de sa vie religieuse !

Le F. Polycarpe excella dans cette mission. Nous le verrons d'abord à la direction du noviciat.

*
* *

Le voyageur qui, laissant la ville du Puy, remonte le cours de la Borne, affluent de la Loire, rencontre bientôt le village d'Espaly dont les habitations s'étagent aux flancs d'un rocher basaltique. En face et au-delà de la rivière, à l'abri du nord, se trouve un terrain sur lequel on aperçoit Paradis, édifié sur l'emplacement de ce qui, avant 1837, n'était qu'une masure vétuste.

Les Frères du Sacré-Cœur en devinrent propriétaires en 1837. On creusa les fondations pendant les vacances, et, le 2 octobre de cette même année, Monseigneur De Bonald, évêque du Puy, célébra la sainte messe sur le lieu où devait s'élever la première chapelle de la maison.

Les bâtiments furent construits. En 1838, l'Institut y créa son noviciat, en attendant d'y fixer sa maison généralice.

Le F. Polycarpe qui se trouvait à Lyon depuis une année, auprès de quelques postulants, entra à Paradis pour ne plus en sortir.

La formation des recrues est, pour les congrégations, d'une importance souveraine. Le maître investi de cette grave mission tient dans ses mains l'avenir de son Institut, sa décadence ou ses progrès.

Et combien l'œuvre est délicate ! Discerner les vocations, effacer dans les âmes les impressions reçues dans le monde, soutenir le jeune homme dans ses premières luttes, former des convictions ardentes, tremper les caractères, exercer au sacrifice volontaire, préparer pour l'avenir des cœurs virils : quel travail difficile et délicat !

Le F. Polycarpe fut à la hauteur de son difficile apostolat. Sa direction sage obtint des résultats consolants.

Les religieux formés par lui rappelaient avec enthousiasme le souvenir de leur maître. Avec quels accents, ils faisaient l'éloge de son savoir, de sa bonté, de ses saints exemples ! Ses procédés affectueux, sa parole onctueuse lui ouvraient les âmes et lui gagnaient les cœurs. Tout, dans sa personne vénérée, enseignait la vertu. En l'entendant parler, en le voyant agir, on se sentait incliné à devenir bon religieux.

Dans cette charge, le F. Polycarpe rendit de précieux services à son Institut par les bons religieux qu'il forma.

***

L'administration crut utile d'ouvrir un pensionnat à Paradis. Le F. Polycarpe en eut la direction. Ainsi, il dut mener de front deux œuvres dont chacune eût absorbé la vie d'un homme. Son activité fit face à tout. Toutefois l'année suivante, les novices furent confiés aux soins d'un autre maître.

A la tête du Pensionnat de Paradis, le F. Polycarpe fut ce qu'il avait été à Vals : le chef vigilant, attentif à la garde de l'innocence des enfants, le maître bon et ferme qui gagne la confiance et assure la discipline, le professeur méthodique qui expose la leçon avec clarté, le religieux d'une piété angélique qui intéresse Dieu au succès de son œuvre.

Les maîtres de classe eurent en lui un conseiller judicieux dans l'art d'enseigner, un soutien dans leurs difficultés avec les élèves, un père très aimant qui, lui-même, fut tendrement aimé.

Tous ceux qui vécurent sous son autorité, parlaient avec une reconnaissance émue des bienfaits qu'ils avaient reçus de lui.

Nommé, en 1840, premier Assistant du R. F. Supérieur et Directeur général de l'Institut, le F. Polycarpe continua à diriger la maison de Paradis. On le vit remplir ses multiples fonctions avec une nouvelle ardeur, avec une vigilance

Vue de Paradis,
Maison-Mère de l'Institut des **Frères du Sacré-Cœur.**

toujours en éveil, avec cette autorité douce et ferme qui maintient l'ordre, fait aimer le devoir, favorise le travail, assure les progrès.

Il fut, plus que jamais, pour ses Frères, un père plein de tendresse, un guide éclairé dans l'exercice de leur emploi et dans la pratique de la vertu.

De plus en plus persuadé qu'on n'accomplit le bien que par le secours du Ciel et l'influence du bon exemple, le F. Polycarpe se montra un modèle de ferveur et de régularité. Aux heures marquées par la Règle, il faisait trève aux occupations les plus absorbantes pour se livrer aux exercices de piété, et, dans ce commerce avec Dieu, trouver lumière et force pour accomplir ses nombreuses et importantes fonctions.

V

Le Supérieur général

MONSIEUR l'Abbé Vincent Coïndre, qui gouvernait l'Institut depuis la mort de son frère, donna, en 1841, sa démission de Supérieur.

Le Chapitre général décida de placer un Frère à la tête de la Congrégation, et de le nommer pour cinq ans, sans vouloir poser un précédent par cette limitation.

Le 13 septembre eut lieu l'élection. Le F. Polycarpe réunit tous les suffrages.

Ce choix fut accueilli par des transports de joie et d'unanimes acclamations. Tous les membres du Chapitre défilèrent devant l'élu, lui baisèrent la main et lui promirent obéissance au nom de l'Institut.

Les Frères réunis à Paradis pour la retraite ressentirent une grande satisfaction de ce choix. Tout le monde salua avec bonheur ce père bien aimé qui inspirait une entière confiance.

Au milieu de l'allégresse universelle, un seul était vraiment affligé : les larmes baignaient ses yeux et les sanglots soulevaient sa poitrine. Dans son humilité, il se croyait inférieur à sa charge et la responsabilité l'effrayait. C'était le bon F. Polycarpe qui, cependant, courba le front avec une touchante résignation, et se soumit à la volonté divine avec une simplicité pleine de grandeur.

*
* *

La mission qui incombait au nouveau Supérieur, exigeait de sages initiatives et une grande force d'âme. L'Institut ne possédait pas encore de Règles fixes. Il comptait à peine soixante membres répartis dans une vingtaine d'écoles.

Le F. Polycarpe se mit à l'œuvre avec courage, confiant dans les bénédictions du Sacré-Cœur et la bonne volonté des Frères.

Il s'attacha d'abord à remédier aux abus exis-
tants et à réhabiliter les pratiques religieuses
tombées en désuétude. Il renouvela l'esprit de
ferveur qui doit caractériser le religieux.

Il codifia, en les complétant, les Règles déjà
en usage dans l'Institut. Ce travail, approuvé par
le Chapitre général, fut imprimé. Ainsi la vie des
maisons devint uniforme.

La Congrégation n'avait pas encore des Statuts
fixes. On avait fait du provisoire en attendant les
leçons de l'expérience. Le bon Supérieur en
élabora les lignes essentielles et, plus tard, les fit
approuver.

Le Chapitre général de 1846, émerveillé des
résultats réalisés, renouvela sa confiance au
F. Polycarpe, et, malgré la résistance de son
humilité, le nomma Supérieur général à vie.

*
* *

La sollicitude du F. Polycarpe se porta d'abord
sur le noviciat, source du progrès des Congrégations. Le recrutement fut encore intensifié. Cet
époque vit une magnifique floraison de vocations
d'élite.

Le Supérieur paraissait fréquemment au milieu
des novices, distribuait des sourires d'encouragement, des paroles d'édification. Les visages
rayonnaient de bonheur. Il eût été difficile de
dire qui était le plus heureux du père ou des

enfants. Cette sympathie produisait une excellente impression sur ces âmes pleines de candeur et de simplicité : le cœur a besoin de sentir un peu d'affection autour de lui.

Chaque année, à l'époque de la retraite, le F. Polycarpe réunissait les postulants et leur adressait quelques paroles d'encouragement : « Mes amis, leur disait-il, vous voulez devenir des Frères du Sacré-Cœur ?... Oh ! la belle vocation !... Combien Jésus va vous aimer !... Vous répondrez aux désirs du bon Maître ; vous oublierez le monde. Vous vous formerez bien, durant le noviciat, aux vertus religieuses. Je vous recommande surtout l'obéissance à vos maîtres, une grande application à toutes vos pratiques de piété. La prière vous attirera toutes les grâces et vous rendra joyeux. Quand nous avons le bon Dieu avec nous, rien ne manque à notre bonheur. Faites le sacrifice des choses que vous avez apportées. Détachez votre cœur de toutes ces bagatelles. Le Sacré-Cœur vous en aimera davantage. »

*
* *

Le F. Polycarpe exerçait sur toute la Congrégation une puissante influence. L'onction de sa parole, la tendresse de son cœur, unie à la force de sa volonté, ses talents et surtout la sainteté de sa vie agissaient fortement sur les âmes. Les procédés par lesquels il avait autrefois produit une si vive impression sur les enfants, obtenaient les mêmes résultats auprès des Frères.

Il voulait peupler l'Institut de saints religieux. Ce fut l'une des préoccupations de sa vie. Dans son active correspondance, qu'il écrive à un Frère une lettre confidentielle, qu'il s'adresse à tout le personnel d'une maison ou à tous les membres de la Congrégation, il se montre toujours égal à lui-même : c'est l'ami passionné de la vertu, le gardien de la discipline religieuse, l'apôtre qui veut sans cesse rapprocher les âmes de Dieu.

Combien ses accents émus pénètrent les cœurs ! Que de courages ils ont remontés et de volontés chancelantes raffermies !

Le cœur humain a besoin de compassion dans l'épreuve. Les Supérieurs qui savent aimer, s'insinuent dans les âmes, cicatrisent les blessures par le baume de leur commisération et éclairent ce ciel intime d'un rayon de joie.

Écoutez ces paroles du F. Polycarpe : « Mon pauvre et cher enfant, je prends une grande part à vos peines et à vos ennuis !... Tout ce qui vous blesse, me blesse à la prunelle de l'œil... Je ne puis avoir aucune rancune contre vous : je vous chéris tous comme mes enfants bien aimés ! »

Les lettres écrites par le F. Polycarpe contenaient des conseils de vie intérieure inspirés par sa connaissance de la science des saints et son immense désir de produire un bien surnaturel dans l'âme de ses Frères. Avec un doigté merveilleux, il savait disséminer, parmi les pensées de direction et les sentiments de son cœur, des remarques, des observations, même des reproches. Mais tout cela était dosé avec tant de pondération que nul ne s'en offensait.

UNE VUE DE VALS,

Près Le Puy, où le Frère Polycarpe dirigea une école.

Les correspondants conservaient avec un soin pieux les lettres du bon Supérieur. « Je les relis chaque année, écrit l'un d'eux, et, chaque fois, les larmes me viennent aux yeux. »

*
* *

« Un jour de grand bonheur pour le F. Polycarpe, dit un contemporain, était celui d'une clôture de retraite. Après la cérémonie toujours impressionnante de la vêture et de la profession, il sortait de la chapelle, le front radieux, s'engageait entre deux longues rangées de Frères qui, le sourire aux lèvres, attendaient la permission de rompre le silence scrupuleusement gardé durant huit jours.

« Son visage s'éclairait d'une joie céleste qui pénétrait toutes les âmes.

» Le bon Supérieur résumait ses impressions, rappelait l'*Ecce quam bonum* de la charité fraternelle, et prononçait le *Deo gratias* auquel les voix en chœur répondaient : *Amen* !

» Des paroles de confraternité sortaient de toutes les bouches ; on souhaitait la bienvenue aux nouveaux profès ; tous les cœurs battaient à l'unisson.

» Des agapes joyeuses suivaient. Tout se passait sous le regard de Dieu et du cher Supérieur que personne n'eût voulu contrister.

» Ainsi devaient être les réunions des premiers chrétiens ! Au ciel et à la terre, les Frères du Sacré-Cœur offraient un beau spectacle. Les témoins auraient dit, comme autrefois les païens à la vue de la charité des disciples du Christ : Voyez comme ils s'aiment !... »

*
* *

Le F. Polycarpe faisait, chaque année, la visite

des maisons de l'Institut situées en France. Son arrivée apportait la joie et le bonheur. De son côté, le bon père tressaillait de se trouver parmi quelques-uns de ses enfants.

Il passait plusieurs jours dans chaque communauté. Son œil clairvoyant suivait les Frères dans tous les détails de leurs occupations, observant leur conduite comme religieux et comme éducateurs.

A la fin de la visite, il les réunissait, leur exprimait sa satisfaction de les voir fervents, réguliers, zélés dans leur mission. Ensuite, il leur faisait part de ses remarques, donnait des avis, encourageait à mieux agir, à travailler dans des vues surnaturelles.

Ses paroles empreintes d'aménité dilataient tous les cœurs et produisaient un renouveau de bon esprit.

Le témoin dont nous avons cité plus haut les impressions à la clôture d'une retraite, raconte le souvenir d'une visite du F. Polycarpe dans une maison où il se trouvait lui-même — Lacapelle-Marival (Lot) —, et que dirigeait le F. Émile.

Le dernier jour, après la prière du soir, le bon Supérieur adressa la parole à la communauté. « Mes chers Frères, leur dit-il, je ne voudrais pas enfreindre la règle du *grand silence*, mais je suis si content que je veux vous exprimer mon bonheur d'avoir vécu deux jours parmi vous. »

« Alors s'engagea un entretien plein d'abandon. Tous les fronts rayonnaient de bonheur. C'étaient des âmes qui se comprenaient.

» L'impression de cette admirable scène ne s'est jamais effacée de mon esprit : un nouvel Antoine visitait un autre Paul. »

Les relations intimes étaient, pour le F. Polycarpe, une occasion particulièrement favorable pour faire du bien. Le bon Supérieur possédait le talent de savoir compatir et de consoler. Ses paroles tombaient sur le cœur meurtri comme un baume délicieux. S'il rencontrait des âmes fermées, il pleurait sur leur état, et, pour elles, offrait à Dieu prières et pénitences.

Le F. Polycarpe produisit un grand bien dans l'Institut, parce qu'il sut aimer : le cœur est une puissance, lorsqu'il accompagne l'énergie : « *Suaviter et fortiter* » est l'expression d'une belle devise.

V

Les Frères du Sacré-Cœur en Amérique

L'ADMINISTRATION du F. Polycarpe fut une ère de prospérité pour la Congrégation. Durant son supériorat de dix-huit ans, il fonda soixante-dix écoles en France. A lui, revient le mérite de l'établissement des Frères du Sacré-Cœur en Amérique.

En 1846, Monseigneur Portier, originaire de Montbrison (France) et devenu évêque de Mobile (États-Unis), se rendit à Paradis et supplia le Supérieur de lui fournir quelques Frères pour sa ville épiscopale.

Le F. Polycarpe acquiesça à sa demande. Par une circulaire, il annonça le projet à l'Institut, fit appel à la générosité de ses Frères et demanda des volontaires. Il s'inscrivit le premier sur la liste, espérant par ce moyen, se décharger du fardeau dont il se croyait incapable de porter le poids.

L'obéissance désigna les cinq religieux qui auraient le grand honneur d'ouvrir l'Amérique à l'apostolat des Frères du Sacré-Cœur : les FF. Alphonse, Athanase, David, Placide et Jean-Baptiste.

Le départ fut fixé au 8 octobre.

L'émotion était grande dans l'Institut, mais surtout dans la maison de Paradis. Les adieux furent solennels. Après le salut du T. S. Sacrement, les Frères défilèrent devant les cinq missionnaires qui partaient pour ces lointaines plages et leur baisèrent les pieds.

Les voyageurs devaient s'embarquer au Havre. A leur arrivée dans ce port, il leur fallut attendre vingt-cinq jours le départ de l'*Anna*, voilier marchand qui les emporterait vers le Nouveau-Monde.

Le navire leva l'ancre au commencement de novembre et mouilla, dans la baie de Mobile, le 10 janvier 1847.

Le voyage avait duré trois mois. Des tempêtes furieuses avaient plusieurs fois mis le navire en danger de naufrage.

Les Frères remontèrent en goëlette la rivière Mobile et arrivèrent enfin à destination.

Monseigneur Portier les reçut avec effusion. Il pourvut à leur entretien avec une sollicitude paternelle.

Les Frères ignoraient la langue anglaise ; il se fit leur professeur bénévole. Huit jours après ils prirent la direction de l'Orphelinat que Sa Grandeur leur destinait. On se fait difficilement une idée des obstacles qu'ils durent surmonter dans ce début de leur apostolat.

A différentes reprises, la France envoya d'autres ouvriers pour grossir la colonie, en attendant qu'elle eût un recrutement pour se suffire. Le concours de la métropole dura de nombreuses années.

*
* *

Les difficultés ne manquèrent pas à l'œuvre naissante. La fièvre jaune la frappa ; des contrariétés de tout genre survinrent. La croix marqua, de son empreinte sanglante, la fondation nouvelle.

Le F. Polycarpe porta ses prédilections vers ses enfants exilés dans ces lointains pays. Il leur

MAISON PROVINCIALE

Juvénat, Noviciat et Scolasticat des **Frères du Sacré-Cœur,** à Arthabaska, Province d'Arthabaska (P. Q.) Canada.

écrivit des lettres débordantes de tendresse, remplies d'encouragements et de judicieux conseils. « Vous avez été les bienvenus de la part de Sa Grandeur, leur disait-il ; soyez ses enfants les plus respectueux, les plus soumis, et il sera votre père et votre soutien ... L'établissement de Mobile est ma maison la plus aimée... Vous avez quitté votre patrie, vos parents, vos amis ; vous vous êtes éloignés de vos Frères en Jésus-Christ pour aller faire connaître le nom du divin Sauveur. Soyez dignes de votre sainte mission... Dans ces parages lointains, vous avez trouvé les douleurs et les amertumes de la Croix. Vous êtes sur le chemin du Calvaire ; je vous en félicite. Que vous êtes donc heureux, mes chers Frères ! Courage ! Portez avec joie et allégresse le joug du Seigneur !... »

La fondation de la colonie d'Amérique par le F. Polycarpe eut des conséquences remarquables pour la Congrégation. Aux États-Unis, les œuvres se multiplièrent assez lentement à l'origine. Les progrès s'accentuèrent à l'époque où la colonie pénétra sur le territoire canadien. En 1872, elle établit son premier collège dans la petite ville d'Arthabaska. Le Canada, pays de foi vive et de belles familles, fournit des vocations nombreuses.

Actuellement (1927), l'Institut possède, sur le territoire américain, trois Provinces où se manifeste une puissante vitalité : une dans les États-

Unis et deux en Canada. Les Frères du Sacré-Cœur y donnent l'éducation chrétienne à des milliers de jeunes gens. Les maisons de formation sont : Metuchen, N. J. pour les États-Unis ; Arthabaska et Saint-Hyacinthe pour le Canada.

La petite graine semée à Mobile en 1846, est devenue un grand arbre dont la ramure étend au loin ses frondaisons vigoureuses.

Ainsi le bien se propage en se multipliant, pour se répercuter dans l'éternité.

* * *

Mais revenons à la vie du F. Polycarpe. Ce bon Supérieur trouva soixante Frères dans l'Institut en 1841. A sa mort, arrivée dix-huit ans après cette date, il en laissa *quatre cents* qui instruisaient plus de *treize mille* enfants.

Dans ce magnifique essor de la Congrégation, nous devons attribuer leur part de mérite aux deux Assistants du F. Polycarpe : les Frères Adrien et Jean-Marie.

Le premier, doué d'un beau talent littéraire, eut la charge spéciale de la correspondance avec les autorités religieuses et civiles. Il fut l'émule de son bon Supérieur par ses vertus, et il lui succéda à la tête de l'Institut.

Le second, religieux d'une activité dévorante, se dévoua sans réserve aux intérêts de sa Congrégation : il fut Assistant durant 40 ans.

Le Frère Polycarpe et ses deux collaborateurs formèrent l'autorité en trois personnes. Leur union fut le secret de leur force et le principe des résultats heureux que réalisa leur sage administration.

VI

Les dernières années

LA Congrégation accentuait ses progrès sous la direction toujours active du F. Polycarpe. L'esprit religieux le plus pur et le plus fervent régnait parmi les Frères. Le Sacré-Cœur bénissait l'Institut.

Le bon Supérieur avait élaboré les Statuts de la Société qui furent examinés et approuvés par le Chapitre général de 1856. Ces statuts régirent la Congrégation jusqu'à la publication des *Normœ* par le Saint-Siège.

En France, les écoles prospéraient. L'Amérique réalisait des progrès : les Frères dirigeaient déjà six Institutions dans les États-Unis et pouvaient envisager l'avenir avec confiance.

La maison de Paradis offrait un beau spectacle. On y voyait un groupe de religieux d'une vertu remarquable, les uns se livrant à l'éducation, les autres appliqués aux services manuels.

« Au-dessus de toutes ces âmes d'élite, dit un

contemporain, planait la grande figure du F. Poly-carpe, le modèle de tous les Frères par sa sainteté. »

Sa vertu s'épurait chaque jour davantage. Son humilité produisait une impression profonde sur toute la communauté.

Un témoin raconte la scène suivante dont la Maison-Mère était le théâtre le Jeudi-Saint. « Dans la soirée, toute la communauté de Paradis se réunit dans la première classe du noviciat.

» Douze Frères des plus anciens viennent s'asseoir vis-à-vis sur deux bancs et quittent leurs chaussures. Les autres se placent derrière eux. Le F. Polycarpe entre dans la salle et se tient debout au milieu de l'assemblée.

» Il lit quelques versets de l'évangile où saint Jean rappelle la scène sublime de Jésus aux pieds des apôtres dans le cénacle.

» La lecture achevée, le vénéré Supérieur attache à son cordon un linge blanc, prend de l'eau dans un bassin, s'agenouille devant chacun des douze Frères, verse de l'eau sur leurs pieds qu'il essuie ensuite et qu'il baise avec un respect tout empreint d'esprit de foi et d'humilité.

» La pieuse cérémonie terminée, tous se mettent à genoux : on prie ensemble et l'on se sépare. »

*
* *

Le progrès de la Congrégation fut le but su-prême des efforts du F. Polycarpe. Il se proposa, sans doute, d'augmenter le nombre de ses Frères, mais il les voulut, avant tout, bons religieux éducateurs. Il s'y employa avec cette générosité et cet élan qu'inspirent l'esprit de foi et l'amour de Dieu.

« Je n'ai rien plus à cœur, écrit-il, que les intérêts de l'Institut auquel j'ai tout voué. Vous l'aimez aussi, cette chère Société, et vous voulez, non seulement qu'elle se soutienne, mais encore qu'elle grandisse. Prenons tous ensemble les moyens de parvenir à ce but... Resserrons les liens qui nous unissent. »

Le laboureur contemple, avec une légitime satisfaction, la blonde moisson aux vagues d'or qu'ont fait lever son travail, la rosée du ciel et le soleil du bon Dieu. Ainsi, le F. Polycarpe aurait pu se réjouir des résultats obtenus. Dans son humilité, il attribuait tout à l'action de la grâce et au zèle de ses collaborateurs.

Les Frères, heureux sous l'autorité d'un si bon Supérieur, espéraient profiter longtemps encore de sa direction si sage et si paternelle. Un grand malheur allait les frapper. Le bon Dieu ne tarda pas, en effet, à les rendre orphelins du Père qu'ils entouraient de leur vénération et qu'ils aimaient avec la plus délicate piété filiale.

VII

La mort

LA santé du F. Polycarpe déclinait. La vieillesse prévenait l'âge dans ce corps délicat usé par le travail, les infirmités précoces et les

POSTULAT, NOVICIAT ET SCOLASTICAT
Des **Frères du Sacré-Cœur**
à Metuchen (N. J.) Province des États-Unis.

macérations. La lame avait usé le fourreau.

Dans ses visites des maisons, le bon Supérieur avait eu à souffrir de la fatigue et des intempéries à travers des pays accidentés dont le climat était rigoureux. Il y contracta une pneumonie grave qui faillit l'emporter. Le saint malade qui reçut alors les derniers sacrements, eût béni Dieu si, à cette époque, fût venue l'heure de son départ pour l'éternité.

La fièvre typhoïde l'arrêta dans l'un de ses voyages. Il fut soigné, dans l'une des maisons de l'Institut, par les Frères qui considérèrent comme un bonheur bien doux de prodiguer leurs soins à ce bon père.

En 1858, le F. Polycarpe eut le pressentiment de sa mort prochaine. Il le laissa entendre à plusieurs Frères. « Adieu, dit-il à l'un d'eux, adieu jusqu'à l'éternité... Au ciel, nous nous reverrons. »

Il fit, à Vals, une retraite de quinze jours, sous la direction d'un Père Jésuite. « Ce sera la dernière de ma vie », répéta-t-il à plusieurs reprises.

*
* *

La vie du F. Polycarpe, qui avait été toujours fervente et exemplaire, devenait chaque jour plus sainte à mesure que s'approchait le terme final. Ses pratiques de piété, ses oraisons, ses austérités augmentaient. Les derniers liens se brisaient et son âme s'épurait de plus en plus. La grâce achevait de perfectionner ce cœur qu'avait brûlé l'amour divin.

Le 27 décembre 1858, le F. Polycarpe ressentit les premières atteintes de la maladie qui devait le ravir à l'Institut. Ce jour-là, fête de saint Jean l'Évangéliste, il assista à la messe, reçut la communion, et, vers midi, se coucha. Il se plaignait d'une douleur au côté.

Le médecin déclara le mal sans danger. « Toutefois, ajouta-t-il, un corps usé par les macérations, exige des soins délicats. » Le malade affirmait qu'il ne se relèverait pas.

Le jour de l'Épiphanie, M. l'aumônier lui apporta la sainte communion dans sa chambre. Le lendemain, vendredi, on remarqua de l'agitation et un profond affaissement. Le samedi, la situation ne semblait pas avoir empiré.

Comme les visiteurs s'efforçaient d'encourager le malade par des paroles d'espérance, il répondit : « La volonté de Dieu, rien que la volonté de Dieu.»

Le dimanche, les FF. Assistants furent appelés à quatre heures du soir, auprès de leur Supérieur dont l'état s'aggravait.

On s'empresse autour de lui. M. l'aumônier administre les derniers sacrements. Tout le monde s'ingénie pour cacher au mourant les larmes qui s'échappent des yeux. L'émotion étreint les cœurs et soulève les poitrines de sanglots étouffés.

Cependant, le bien-aimé Supérieur, résigné, faisait ses adieux du regard et souriait à la mort.

Après une courte agonie, le saint F. Polycarpe s'éteignit doucement, en présence des Frères de Paradis. Il était âgé de 57 ans 4 mois et 20 jours, et avait gouverné la Congrégation 17 ans et 5 mois.

Cette mort plongea dans le deuil l'Institut tout

entier. Les enfants remplis de piété filiale pleurèrent leur père chéri. Paradis, surtout, qui avait respiré le parfum de ses vertus, Paradis fut inconsolable. La nouvelle jeta dans l'affliction les élèves mêmes du pensionnat.

Les FF. Adrien et Jean-Marie, Assistants, dans leurs circulaires sur le triste événement, s'efforcèrent, en mêlant leurs larmes à celles de tous les Frères, de consoler, de soutenir les courages, de rappeler les vertus, la sainte vie, la mort édifiante du vénérable et cher disparu.

L'Assemblée capitulaire appelée à élire un nouveau Supérieur général, décerna au F. Polycarpe le titre de « Second Fondateur de l'Institut » et décida qu'une plaque commémorative serait placée sur sa tombe.

*
* *

Les restes mortels du vénéré Frère Polycarpe furent déposés dans le caveau de la maison de Paradis. Ils y occupent le centre. En 1861, on placera, à gauche, le cercueil du F. Xavier, le premier religieux de l'Institut. A la droite du F. Polycarpe, dormira plus tard son dernier sommeil le bon Frère Adrien, son très digne successeur.

Les cendres vénérables de ces trois grands serviteurs de la Congrégation sont fréquemment visitées par les vieillards de l'Institut retirés dans la maison de Paradis.

Saluons profondément la chère dépouille de ce vénéré Supérieur qui couronna, par une sainte mort, sa vie de bon Frère du Sacré-Cœur.

Le F. Polycarpe, du fond de son éternité, n'a pas oublié son Institut bien aimé. Sous ses successeurs, héritiers de sa foi vive, la Congrégation a continué sa marche. La persécution a malheureusement frappé ses œuvres françaises dont quelques-unes se maintiennent encore au prix d'un héroïsme digne de toute admiration. La catastrophe a occasionné l'établissement de l'Institut dans deux nations voisines. L'Espagne forme une belle Province avec ses maisons de formation, Renteria et Alsasua. La Belgique, piétinée par la guerre, répare ses blessures : elle est pourvue, elle aussi, d'un beau local pour ses recrues à Saint-Georges-sur-Meuse. Les œuvres américaines et canadiennes ont pris un essor magnifique.

Ainsi en est-il des œuvres divines. Les hommes meurent ; mais les institutions qu'ils ont organisées vivent et grandissent à la suite de l'impulsion donnée et du concours de la Providence unis à l'activité de leurs successeurs.

✥ VIII ✥

Portrait du Frère Polycarpe

LA personne du F. Polycarpe, sous des dehors modestes, rayonnait à la fois la douceur et la force. Son extérieur inspirait la vénération et la confiance.

Une chevelure abondante, bien simplement disposée, retombait sur son front. Les yeux respiraient l'intelligence et la sympathie. Ses lèvres habituellement souriantes exprimaient une grande bonté. Tout, dans son extérieur, était empreint de cette gravité sereine qui constitue la parure du religieux.

Son intelligence ouverte et cultivée se distinguait par un jugement sûr, une raison réfléchie préparant des décisions fermes. Il possédait le coup d'œil pour découvrir le moyen de s'insinuer dans les âmes et pour les diriger.

Sa sensibilité était d'une exquise délicatesse. « Il avait un cœur d'or », dit un contemporain. Il possédait l'amour « cette puissance souveraine et immortelle qui rend l'homme délicat, noble, sublime, et le pousse à tous les dévouements ». C'était un père dans le sens le plus large et le plus doux de ce mot. Comme le Maître, il consola

MAISON PROVINCIALE

Juvénat, Noviciat et Scolasticat des **Frères du Sacré-Cœur** à Saint-Hyacinthe Province de Montréal (P. Q.), Canada.

toutes les tristesses. Sa voix avait des accents qui ébranlaient les fibres les moins sensibles. La mansuétude, la bonté fut le secret de la confiance qu'il inspira, de l'affection profonde que lui vouèrent les Frères.

Cette bonté ne dégénéra pas en faiblesse. Le F. Polycarpe était doué d'une volonté énergique. Ennemi de la violence qui brise, il agissait avec cette constance douce mais infatigable qui finit par triompher ; il poursuivait l'accomplissement du devoir jusqu'à sa pleine réalisation.

Les manières et le langage empreints d'aménité, le caractère ouvert plein de franchise et de dignité de ce supérieur attiraient à lui toutes les âmes.

*
* *

Sur ce fonds donné par la nature et développé par le travail, la grâce greffa le chrétien et le religieux.

Le F. Polycarpe fut un Maître dans la science de la perfection : il l'enseigna à ses frères et s'en appliqua à lui-même les principes. Il instruisit par la parole et par l'exemple.

L'esprit de foi domina tous les actes de sa vie. C'est dans des vues surnaturelles qu'il accepta toutes les charges, comptant sur le secours divin pour en accomplir les graves obligations. Comme il estimait, pour lui et pour ses Frères, cette vocation religieuse qui est l'effet d'un amour de prédilection divine !

Sa confiance en Dieu fut inébranlable comme sa foi, confiance que ne déconcertèrent jamais les difficultés et qui se résigna en tout à la volonté divine.

La pensée du ciel le soutint toujours au milieu des épreuves de la vie. La méditation des récompenses éternelles fortifiait son courage et lui inspirait des paroles émues : « Voilà donc le Fils de Dieu investi de l'empire éternel, Sa gloire sera la mienne. Oui, un jour j'habiterai le ciel avec mon Dieu !... Ce bonheur sera sans fin !... Toujours voir mon Dieu ! Toujours l'aimer ! Toujours le posséder !... Toujours ! ! !... Voilà mon partage durant les siècles éternels !... O mon Dieu, que vous êtes admirable dans la manière dont vous récompensez vos saints ! »

« La charité me presse le cœur » disait le grand Apôtre. Le F. Polycarpe aima le bon Dieu de toute son âme. Cet amour qui brûlait en lui, s'exhalait en un langage vibrant d'émotion et se peignait sur les traits de son visage. On a vu les novices verser des larmes en écoutant ses pathétiques exhortations : le feu de son âme enflammait ses paroles. Un jour de promenade, il lut quelques pages où l'auteur, pris de la nostalgie du ciel, soupirait vers la patrie éternelle « Allons en Paradis ! Allons en Paradis ! » répétait-il dans un saint enthousiasme. L'auditoire écoutait, charmé, dans un silence d'admiration.

La sainteté est contagieuse : elle rayonne,

éclaire d'un jour divin et entraîne les âmes qui subissent sa bienfaisante influence. Soyons saints et nous formerons des saints.

Et combien grande, affective et effective fut la charité fraternelle du Frère Polycarpe ! Dans l'Institut, il n'y avait qu'une voix pour proclamer l'immense affection que ce bon Supérieur portait à tous ses Frères. Les Frères du Sacré-Cœur formaient une heureuse famille dont les membres étaient unis à leur père par les liens d'un saint amour.

Le F. Polycarpe fut le modèle du religieux. Aussi vit-on briller en lui toutes les vertus qui le caractérisent : l'humilité, la pauvreté, la chasteté, l'obéissance. l'esprit de sacrifice. La ferveur accompagna toujours sa piété. Pour devenir semblable au divin Maître, à ce Jésus brisé par la douleur, il ensanglantait sa chair au moyen d'un cilice.

Le bon Supérieur priait et se martyrisait pour tresser son éternelle couronne, mais aussi pour sauver, pour affermir dans leur vocation les âmes de ses Frères. Il voulait entraîner au ciel tous ceux qui lui étaient confiés.

IX

La Dévotion au Sacré-Cœur

LA dévotion au Sacré-Cœur qui constitue la note caractéristique de l'Institut, remonte à notre vénéré fondateur, le P. Coïndre.

TELLERI-ALDE,

Postulat des **Frères du Sacré-Cœur**, à Renteria, Province d'Espagne. Résidence actuelle des Grands Novices et du Conseil Général de l'Institut.

Des lettres écrites par lui et par ses premiers disciples, la tradition des usages établis à l'origine le démontrent d'une manière authentique.

A cette preuve, on pourrait ajouter le nom de deux autres sociétés qui durent leur existence à M. l'Abbé Coïndre : les religieuses du *Sacré-Cœur* fondées à Lyon et qui durent s'appeler plus tard « *Sœurs de Jésus-Marie* » par suite de l'existence d'une Congrégation qui portait le premier nom ; les *Missionnaires du Sacré-Cœur* et le *Collège du Sacré-Cœur* créés à Monistrol-sur-Loire·

L'Institut portait, à l'époque du F. Polycarpe, le nom de « *Frères des Sacrés-Cœurs* », et le blason se formait de deux cœurs entrelacés. Des Chapitres généraux ultérieurs arrêtèrent le véritable vocable et déterminèrent la forme définitive des armoiries.

Mais si le nom et le blason n'avaient pas encore reçu leur fixité, la dévotion au Sacré-Cœur était en honneur dans la Congrégation. Le F. Polycarpe la pratiqua avec ferveur et s'en fit l'apôtre auprès des Frères et des élèves de nos écoles.

*
* *

Jésus-Christ fut le modèle de perfection que le bon Supérieur, dans la pratique de sa vie intérieure, s'efforça de connaître et d'imiter. Il étudia ses grandeurs, sa doctrine, son esprit, ses vertus ; il s'inspira de ses pensées, de ses sentiments ; il s'appliqua à reproduire en lui cet exemplaire tout aimable des prédestinés.

Or, le Sacré-Cœur, c'est la personne adorable de ce divin Sauveur considéré dans son *amour* symbolisé par son *cœur* de chair.

Le F. Polycarpe adora, aima ce Cœur qui a donné pour les hommes toutes les gouttes de son sang, cœur méconnu et méprisé qui mendie l'amour des âmes pour lesquelles il a tout sacrifié. Il voulait imiter ce cœur généreux, la grande victime du Calvaire.

« Oui, au prix des plus grands sacrifices, je veux devenir semblable à Jésus crucifié, écrit le F. Polycarpe ; je veux lui rendre amour pour amour. Je veux tendre à l'abnégation de moi-même, m'efforçant de préférer toujours les *souffrances* aux *douceurs* de la vie, la *pauvreté* aux *richesses*, les *mépris* aux *honneurs.* »

Les révélations du Sacré-Cœur appellent ses amis dévoués à l'Eucharistie. Jésus parle à Marguerite-Marie : « Je te demande, lui dit-il, de communier le premier vendredi de chaque mois ; — de faire établir par l'Église une fête en l'honneur de mon Cœur tout aimant, fête où tu me recevras dans la sainte Communion ; — de passer, chaque jeudi, de onze heures à minuit, prosternée devant le Tabernacle. »

Le F. Polycarpe porta à l'Eucharistie une fervente dévotion. Au pied de l'autel, il s'épanchait en pieux colloques, puisait la lumière dans les doutes, la consolation dans les tristesses de l'âme.

A la sainte messe, on admirait son extérieur recueilli et sa contenance modeste, sa foi et son amour pour ce Dieu immolé.

Et quelle ferveur lorsqu'il avait le bonheur de s'approcher de la table sainte ! On le voyait alors comme plongé dans l'extase, jouissant des délices de ce saint baiser entre Jésus et l'âme pieuse.

« Que ne puis-je, s'écrie-t-il, posséder un cœur semblable à celui de mon Jésus !... Je veux du moins établir ma demeure en Lui, puiser en Lui, ma force et mon bonheur... Daignez me permettre d'approcher mes lèvres de votre divin Cœur, de cette source de vie d'où découlent tant de grâces ! »

De la dévotion au Sacré-Cœur, naît, comme la fleur de sa tige, l'amour de Marie. Le F. Polycarpe professa pour la sainte Mère de Dieu un culte tout filial. Dans ses notes spirituelles, on trouve des accents qui rappellent un saint Bernard.

La pensée des privilèges de Marie le transportait d'admiration ; sa puissance d'intercession lui inspirait une confiance sans bornes. «Daignez m'obtenir, ô Marie, la grâce de garder Jésus toujours présent au milieu de mon cœur, écrit-il dans son cahier de retraite. Vous m'obtiendrez que ce germe d'amour devienne un grand arbre dont les fruits soient pour l'éternité. »

Les mystères des douleurs de Marie le jetaient dans des tristesses mortelles. Il pleurait avec elle au pied de la croix et son cœur compatissait aux angoisses de cette mère éplorée.

Les larmes ont cessé. Jésus ressuscité apparaît à Marie. «Oh ! s'écrie-t-il, qui me donnera de

STATUE COLOSSALE DE N.-D. DE FRANCE

Érigée au Puy, sur le Rocher Corneille en 1860 avec le bronze des canons
pris à Sébastopol.

goûter les délices ineffables dont fut inondé le Cœur de la divine Mère ?... Tressaillez de joie, ô Vierge. Qu'il me soit permis de mêler mes chants à ceux de la cour céleste, de célébrer, dans la joie de mon cœur, la résurrection de votre divin Fils et votre bonheur, ô Mère ! qui êtes la mienne ! »

Durant les dernières années de sa vie, on préparait, au Puy, l'érection d'une statue monumentale de Marie, sous le titre de Notre-Dame de France. Le Frère Polycarpe voulut associer l'Institut à cette œuvre. Il adressa un appel à tous les Frères. Chaque maison apporta sa contribution et l'ajouta aux dons faits par les élèves.

Ainsi, la vie de notre premier Frère Supérieur Général fut celle d'un religieux accompli. Tous ceux qui l'ont connu, ont laissé de ce bon père un souvenir d'ineffable admiration.

Que Dieu daigne manifester la sainteté de son pieux serviteur pour la plus grande gloire du Sacré-Cœur, pour la perfection des âmes appelées dans l'Institut qu'il a si bien gouverné, pour le salut éternel des enfants dont ses fils font l'éducation chrétienne !

X

Le Frère Polycarpe et les Enfants.

LE Frère Polycarpe fut un grand ami de l'enfance. Il ressentit pour elle l'affection tendre, l'amour délicat d'un bon père. Auprès des enfants, ce ne fut pas le mercenaire qui de l'enseignement fait un métier, ce fut un apôtre inspiré par les intentions les plus désintéressées et les plus nobles.

Élever un enfant est une belle mission, car c'est développer une intelligence, cultiver un cœur, orienter une volonté vers le bien. Combien le F. Polycarpe s'attache à former cette nature excellente, la plus grande merveille de la création !

Du reste, tout charme dans cet âge heureux : et son regard d'une douceur infinie, et son sourire toujours plein de grâce. Sur lui, repose l'avenir de la famille, de la patrie, de l'humanité entière.

Mais l'esprit de foi du F. Polycarpe 'éleva plus haut ses pensées. L'enfant paré de l'innocence baptismale, c'est l'image de la divinité, un fils de Dieu, un frère de Jésus, le temple de l'Esprit-Saint. Pour un maître religieux, l'éducation, sans négliger l'homme, tend à former le chrétien, c'est-à-dire à conserver la grâce sanctifiante dans les jeunes âmes, à les diriger vers Dieu. Le but suprême de ses initiatives et de ses efforts, c'est d'enseigner le chemin du ciel. Que serviront toutes les connaissances humaines, à l'enfance, si elle n'opère pas son salut éternel ?

*
* *

Le F. Polycarpe fut un apôtre au milieu des enfants qu'il aima d'un amour profond et surnaturel. Il les appelait « les frères des Anges ». Ces sentiments lui inspiraient pour eux un grand respect et une sollicitude de toutes les heures.

Conserver leur innocence fut toujours sa première préoccupation. Aussi quelle vigilance attentive, assidue, dans la classe, en récréation ! Avec quelle émotion, il leur parlait du péché qui la fait perdre, et leur inspirait l'horreur du mal !

Les enfants aimaient ce bon Maître et subissaient son ascendant. Le cœur est une grande puissance pour conduire les âmes. On ne les conquiert ni par la faiblesse qui laisse tout faire, ni par la familiarité que préconise une doctrine égalitaire, mais par cet amour effectif qui se donne sans calcul, qui sait faire un dosage convenable de gravité, de bienveillance et de douceur.

On a vu des élèves pleurer en entendant le F. Polycarpe parler du bon Dieu, des vérités éternelles. L'impression ne s'effaça jamais de leur souvenir. Dans un âge avancé, ils disaient, en rappelant ces faits : « Ce Frère était un saint ».

Avec une dextérité remarquable, ce maître savait trouver, dans l'enseignement des connaissances humaines, l'occasion d'élever vers Dieu la pensée de ses auditeurs.

Le F. Polycarpe s'ingéniait sans cesse à perfectionner son instruction et sa méthode pour produire un plus grand bien. De plus, à la parole, il ajoutait l'apostolat de l'exemple qui rend la leçon persuasive. Et comme la semence surnaturelle ne germe et ne croît dans les âmes que sous l'action de la rosée céleste, il suppliait Dieu, par des prières ferventes, de féconder son travail.

*
* *

Maître des Novices, le F. Polycarpe s'efforça de préparer de bons éducateurs. En formant ses disciples à la vie religieuse, il songeait aux enfants qu'ils auraient bientôt mission d'élever. Lorsqu'il fut Supérieur général, on le voyait fréquemment parmi ces futurs maîtres dont il aimait les sourires et les candeurs. Il les entretenait de la grandeur de leur vocation et de la manière d'être de bons éducateurs de l'enfance.

Dans sa visite des maisons, le F. Polycarpe passait quelques heures délicieuses dans les classes. Il était heureux parmi les enfants qui l'accueillaient avec une joie ineffable. Le visiteur voyait leurs devoirs écrits, questionnait, accueillait avec bienveillance les réponses, distribuait des conseils et des encouragements.

Le F. Polycarpe se sentait dans son milieu parmi cette jeunesse qu'il aimait à trouver disciplinée sans contrainte, radieuse de confiance et de bon esprit.

Ce spectacle évoquait la scène du Maître divin entouré d'enfants qui contemplaient ravis les charmes de son adorable personne.

XI

Une Gerbe de Pensées.

UN biographe donne le conseil qui suit : « Citez beaucoup de paroles de votre héros, parce que ce sont les paroles qui expriment les âmes, leurs idées, leurs sentiments, leurs aspirations vers un but supérieur. » Docile à cette sage invitation, nous avons glané dans la vie du F. Polycarpe, un certain nombre de pensées que nous offrons à l'édification du lecteur comme une gerbe parfumée.

1. Le nombre seul ne fait pas la force ni la prospérité d'une Congrégation, mais bien l'*esprit religieux*, la *régularité* et la *ferveur* de ses membres.

2. La Règle fait de tous nos cœurs un seul et

même cœur — Observez bien vos Règles et vous serez de parfaits religieux, de grands saints — Soyez fidèle à l'observance de votre Règle ; qu'elle soit constamment votre boussole ; elle vous conduira immanquablement au port de la bienheureuse éternité — Lisons nos Règles, méditons-les, et soyons persuadés qu'elles nous garderont, si nous les gardons avec une scrupuleuse fidélité.

3. Une couronne particulière attend les bons religieux dans la bienheureuse éternité.

4. Nous devons être morts au monde, c'est-à-dire être insensibles à tout ce que le monde estime, affectionne et recherche — Mourez à vous-même pour ne vivre que de la vie de l'esprit, et n'ayez d'autre ambition que d'être crucifié avec Notre Seigneur Jésus-Christ.

5. On ne se corrige d'un défaut que dans la proportion où l'on s'en humilie.

6. Ne vous laissez pas abattre lors même que vous feriez quelques chutes : un vaillant athlète met-il bas les armes pour une blessure qu'il a reçue ?

7. Priez beaucoup et priez avec ferveur. — La prière doit précéder, accompagner et suivre toutes nos œuvres — Priez et priez avec ardeur ; soyez assidus au saint exercice de l'oraison.

8. Je vous en conjure, faites la Communion aussi souvent que possible : si une préparation

sérieuse la précède, oh ! quels flots de grâces inonderont votre âme !

9. Il faut savoir tirer parti de ce qui nous arrive et accepter avec amour les épreuves que nous ménage la Providence.

10. Je sais par expérience que les épreuves et les tribulations sont le cachet des œuvres de Dieu.

11. La volonté de Dieu, rien que la volonté de Dieu !

12. Apprenez-moi, ô mon Divin Maître, à goûter, comme votre sainte Mère, le bonheur de souffrir avec vous et pour vous.

13. Oh ! mes enfants, mes bien chers amis, aimez le bon Dieu de tout votre cœur, et il vous bénira toujours.

14. Vous avez trouvé les douleurs et les amertumes de la croix ! Que vous êtes heureux mes bons Frères !...

15. Soyez tous pleins de l'esprit de Dieu ; que le zèle de sa gloire vous brûle et vous consume.

16. Un Frère n'est bon religieux que par le parfait accomplissement des devoirs de son état.

17. Tous les instruments sont bons entre les mains de Dieu, pourvu qu'ils soient humbles et qu'ils sachent prier.

18. Soyez humble, mon enfant, priez beaucoup,

attendez tout du bon Dieu et vous triompherez de vos ennemis.

19. Que tous mes désirs, que toute ma consolation, que toute ma gloire soient d'aimer Dieu, de travailler et de souffrir pour lui plaire en toutes choses.

20. Dieu est souverain, il est jaloux, il vous réclame tout entier.

XII

Faveurs attribuées
à l'intercession du Fr. Polycarpe.

1.

Saint-Hyacinthe, Canada.

« Au milieu de l'été de l'année 1900, écrit le F. L., une pénible chute me fractura la rotule. J'envisageai, avec tristesse, la perspective d'un long séjour à l'infirmerie.

« Je conçus l'idée de m'adresser au F. Polycarpe, et j'employai mes heures de solitude à implorer son intercession.

» Quelques jours après l'accident, je pus marcher à l'aide d'une béquille et bientôt reprendre mon emploi.

» Je reste convaincu que je suis redevable au F. Polycarpe de cette prompte et complète guérison ».

2.

St.-A., France

Un ami que je vénérais, était atteint d'une grave maladie. Des prières nombreuses avaient été faites pour sa guérison. Le 3 janvier 1926, après ma communion, je dis en substance : « Sainte Thérèse de l'Enfant-Jésus et Vous, saint Frère Polycarpe, vous m'obtiendrez la guérison de l'ami que je vous recommande : j'ai confiance que vous m'exaucerez ».

Après la messe, au retour à la maison, je trouvai mon malade sans fièvre. Depuis la veille, la température était descendue de 41° à 36°.

La guérison a suivi sa marche malgré des complications graves survenues depuis, et à l'occasion desquelles on a eu recours à nouveau à l'intercession du F. Polycarpe.

F.B.

3.

Metuchen, États-Unis

Notre maison de formation et toutes nos écoles ont rivalisé d'ardeur et d'enthousiasme pour la glorification du F. Polycarpe.

J'ai la consolation de signaler de nombreuses

faveurs spirituelles que j'attribue à l'intercession de notre vénéré supérieur :

1. Renouvellement de l'esprit chrétien parmi nos élèves ;

2. Renouvellement de l'esprit religieux chez plusieurs de nos Frères ;

3. Des vocations de valeur pour le Noviciat ;

4. Heureuse réalisation de divers projets pour la Province.　　　　F. A. Provincial.

4.

H. Guipuzcoa

Au mois de mars 1926, j'accompagnai le F. recruteur dans la famille de l'un de nos élèves qui avait manifesté le désir d'entrer à notre Juvénat d'Espagne.

Le père de l'enfant, déclaré tuberculeux par le médecin, était, ce jour-là, en proie à une profonde tristesse. La pensée de se séparer de son fils lui faisait verser d'abondantes larmes. Il était, du reste, bien résigné à quitter la vie, si telle était la volonté de Dieu.

A mon retour à la maison, j'eus la pensée d'offrir au malade une relique du F. Polycarpe. La relique fut acceptée et cousue au sous-vêtement du cher infirme.

Le mieux se déclara quelques jours après et

s'accentua rapidement. Au mois de juillet, le convalescent reprenait ses fonctions de chef d'usine.

F. M.

5.

A..., Navarre

Toute l'année scolaire (1925-1926), nous avons eu recours à l'intercession du F. Polycarpe.

Personnellement, j'ai éprouvé sa protection. Au commencement de novembre, j'ai été atteint d'une demi-paralysie de la langue et de la machoire inférieure, qui me rendait très difficile l'usage de la parole.

Les soins médicaux n'apportèrent aucune amélioration à mon état.

Je recourus à l'intercession du F. Polycarpe. En moins d'une semaine, toute gêne disparut.

F. F.

6.

R..., Guipuzcoa

En janvier 1926, je fus atteint de phlébite à la jambe gauche et condamné à l'immobilité absolue durant deux mois. Lorsque je fus autorisé à me lever, vers la mi-avril, impossible de me tenir debout. Tous les jours, on me descendait au fauteuil où je restais un temps qui varia d'une heure à cinq heures. Il fallait deux personnes pour me remettre au lit. Je ne pouvais, sans secours, faire quelques pas même avec des béquilles.

Cet état d'impuissance durait depuis trois mois. Le 6 juin, la bonne religieuse qui me soignait, me conseilla une neuvaine au F. Polycarpe.

Le soir de la clôture, il me vint subitement à l'idée d'essayer de me rendre seul au lit. Sans effort, je quittai le fauteuil et je franchis les trois ou quatre mètres qui me séparaient de ma couche.

Depuis ce jour, 15 juin, des progrès continus ont amélioré l'état de mes jambes et l'ensemble de mes forces.   F. U.

7.

A....., Navarre

Permettez-moi de vous relater quelques-unes des faveurs attribuées, dans la Province d'Espagne, à l'intercession du F. Polycarpe.

1. Le corps du regretté F. Casimiro, disparu subitement dans les eaux de l'Ebre, le 20 juillet 1925, était resté introuvable pendant deux jours. L'idée vint de jeter une relique du F. Polycarpe dans le fleuve. A peu près à la même heure, l'Ebre rendait sa victime à 30 km. en aval de Saragosse, près de la petite ville de Pina.

2. L'année scolaire (1925-1926) nous a forcés de faire l'acquisition de deux immeubles : l'un pour notre Noviciat, l'autre pour y transférer

notre Collège de Saragosse. Ces deux opérations se présentaient avec des conditions extrêmement difficiles à réaliser.

Nous avons mis notre confiance dans le secours de notre vénéré premier Supérieur. On a multiplié les appels à son intercession.

A l'heure actuelle toutes les difficultés sont vaincues. Nous avons notre noviciat bien installé, et le local de Saragosse, qui est notre propriété, nous permettra une organisation idéale de notre collège.   F. D. Provincial

8.

Saint-Hyacinthe (Canada)

Un de mes neveux, à qui j'avais conseillé de faire une neuvaine de prières pour obtenir, par l'intercession du T. R. Frère Polycarpe, la guérison d'un des membres de sa famille, m'écrit ceci: « J'ai attendu que la guérison fût complète avant de vous écrire. Aujourd'hui, E… va très bien, et nous sommes convaincus que c'est la prière qui l'a guéri. Après la première neuvaine, sa maladie semblait avoir empiré. Nous avons fait une deuxième, puis une troisième neuvaine. A la clôture de celle-ci, notre cher malade put aller à l'église et y communier. Il était guéri. Depuis lors, il jouit d'une excellente santé.

Puisse ce petit fait contribuer à la glorification de notre premier Supérieur général.   F. E.

9.

R..., 18 février 1927

En décembre dernier, je fus gravement atteint de broncho-pneumonie grippale. Au quatrième jour de ma fatigue, on jugea prudent de m'administrer les derniers sacrements, que je reçus en pleine connaissance et en m'unissant de mon mieux aux prières du prêtre.

Durant mon action de grâces, le ciel m'envoya l'inspiration de solliciter ma guérison, par l'intercession du vénéré F. Polycarpe. Je demandai aussitôt à mon entourage une neuvaine en son honneur. Je fus même exigeant et précis : pour que l'intervention de notre saint Supérieur fût bien reconnue, je lui demandai qu'au quatrième jour, le docteur pût constater et déclarer un mieux.

Au jour indiqué, le vendredi, ce mieux se produisit en effet. Le thermomètre accusa seulement une température de 36.8, et le médecin ne se fit pas faute de reconnaître une très sérieuse amélioration, en présence de mon entourage quelque peu sceptique encore.

Quelques jours après, le même docteur se prononçait spontanément pour le caractère surnaturel de ma guérison dans les termes suivants : « Vous avez eu une forte grippe et une sérieuse broncho-pneumonie ; et, si vous êtes encore là, il a fallu qu'une intervention supérieure ait agi ».

A l'heure actuelle, je suis presque à la veille de reprendre ma classe. Par une neuvaine spéciale, nous avons tous remercié notre saint Supérieur. Puisse la relation abrégée de cette faveur augmenter notre confiance en la haute influence du T.H. Frère Polycarpe auprès du Sacré-Cœur. !

Fr. Ls-J.

Neuvaine de la Confiance au Sacré-Cœur

O Jésus, nous confions à votre Cœur *la glorification de votre serviteur le frère Polycarpe.*

Considérez notre désir et faites ensuite ce que votre Cœur vous dira. Laissez agir votre Cœur.

O Jésus, nous comptons sur Vous, nous nous confions en Vous, nous nous donnons à Vous, nous sommes sûrs de Vous. Ainsi soit-il.

300 jours d'indulgences pour chaque jour de la neuvaine et indulgence plénière le dernier jour aux conditions ordinaires.

Décret de la S. C. des Indulgences, 9 mai 1923.

PRIÈRE POUR OBTENIR LA BÉATIFICATION DU SERVITEUR DE DIEU LE FRÈRE POLYCARPE

Sacré-Cœur de Jésus, vous qui avez dit en parlant des enfants : « Je tiens comme fait à moi-même ce qu'on fait au moindre de ces petits », daignez écouter avec bienveillance les humbles prières que nous vous adressons en faveur du

Frère Polycarpe, l'un des apôtres de ces âmes que vous aimez d'un amour de prédilection. Quelque indignes que nous soyons de vous demander et d'obtenir la glorification de votre serviteur, nous vous supplions de faire briller sur lui l'auréole des bienheureux, si cela doit servir pour les intérêts de votre gloire, pour notre avancement spirituel et pour la sanctification des enfants qui nous sont confiés. Ainsi soit-il.

INVOCATIONS :

Cœur Sacré de Jésus, j'ai confiance en vous.
300 j. chaque fois. Pie X, 5 juin 1906

Aimé soit partout le Sacré-Cœur de Jésus.
100 jours, Pie IX, 23 septembre 1860.

Cœur Sacré de Jésus, glorifiez votre serviteur.

TABLE DES MATIÈRES

IMPRIMÉ PAR DESCLÉE, DE BROUWER ET Cie

41, RUE DU METZ, LILLE. — 4.271

(Made in France.)